A GARDEN IN GOTHENBURG

TRÄDGÅRDSFÖRENINGEN

Photography and Design / Design och Foto
Leif Södergren

ISBN 978-91-982015-4-3

LEMONGULCHBOOKS
www.lemongulchbooks.com

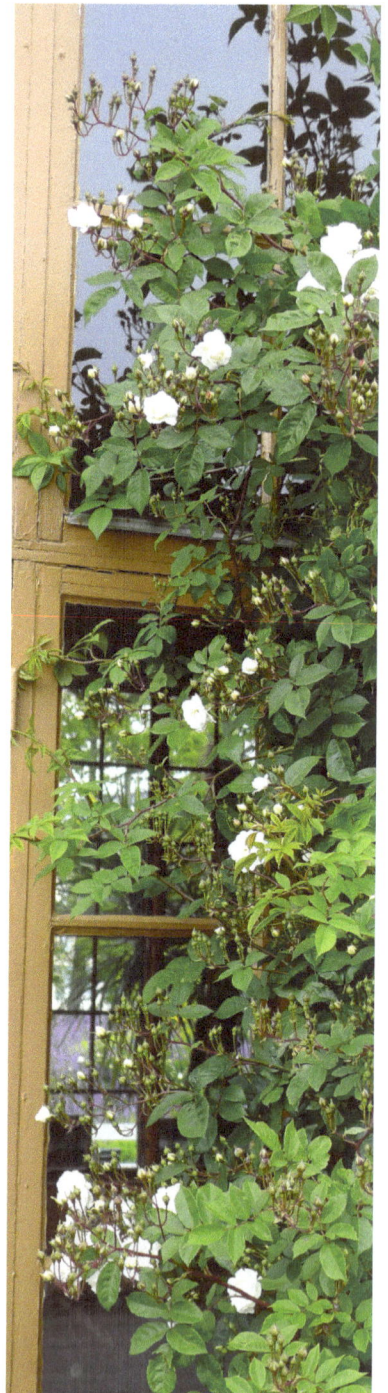

For
my favourite author
Donovan O'Malley

A GARDEN IN GOTHENBURG

TRÄDGÅRDSFÖRENINGEN

LEIF SÖDERGREN

CONTENTS
INNEHÅLL

IN THE HEART OF GOTHENBURG
I HJÄRTAT AV GÖTEBORG

The Garden Society of Gothenburg is one of the best preserved early 19th century parks in Europe. It is situated directly downtown offering lovely walks in the park or woodland strolls along the waterfront.

Gothenburg was, in the 1600's, a walled city surrounded by a moat, with twelve thousand inhabitants living inside the fortifications. As the city walls were eventually torn down and the city opened up, there was a demand for recreational green areas. In that process, the Garden Society of Gothenburg was created in 1842. It was given land by the city, just across the canal (moat).

Trädgårdsföreningen i Göteborg är en av de mest välbevarade artonhundratalsparkerna i Europa. Den ligger centralt och erbjuder underbara promenader i parken eller i lummiga woodlands längs kanalen.

Göteborg var en gång en befäst stad, omgiven av kanaler, med tolvtusen invånare. När befästningarna så småningom revs och staden öppnade upp sig, ökade behovet av gröna områden för rekreation. Det var i det sammanhanget som Trädgårdsföreningen bildades 1842. Staden hade givit den nybildade föreningen mark på andra sidan kanalen.

"THE MYSTERIOUS PORTAL", sculpture by Pål Svensson 1986.
Looking through the small opening between the massive granite rocks gives a fine view of the park (above).

***"DEN HEMLIGHETSFULLA PORTEN"**, skulptur av Pål Svensson 1986.*
När man kikar mellan de massiva granitblocken har man en vacker vy av parken (ovan).

A REFURBISHED PARK
EN RENOVERAD PARK

The Garden Society was in very good hands when the internationally known landscape architect, Ulf Nordfjell, took on the total renovation of the park together with park manager Tore Hjelte and Tobias Nordlund. A lot needed to be done and at times the park was a huge, muddy building site, but there were only smiles when it opened for the exhibition "Gothenburg Gardens" in the summer of 2008.

The park had returned to its Victorian past, but in a contemporary way. Carpet bedding was reintroduced and international and Swedish garden designers were invited to display their inspirational gardens and to design the new woodlands.

Trädgårdsföreningen var i mycket goda händer när den internationellt kände landskapsarkitekten Ulf Nordfjell, tog hand om renoveringen av parken tillsammans med parkchef Tore Hjelte och byggansvarig Tobias Nordlund. Det var mycket som behövde åtgärdas och tidvis såg Trädgårdsföreningen ut som en enda stor byggarbetsplats, men det var bara glada miner vid öppningen då "Göteborgs Lustgårdar 2008" gick av stapeln.

Parken hade delvis återfått artonhundratalskänslan, men på ett modernt sätt. Tapetgrupper hade kommit tillbaka och internationella och svenska trädgårdsdesigners hade inbjudits för att visa upp sina inspirationsträdgårdar och designa nya woodlands.

WOODLANDS

Like many nineteenth century parks in Europe, this park had many trees that with time had become oversized. Bushes and plants that in earlier days had flourished side by side with trees, had found it hard to coexist when the trees grew large and absorbed most of the sunlight. The large trees' roots had also taken over most of the soil.

In order to return the park to what it had once been, some trees had to be cut down. Others were pruned or moved. Bushes, perennials and bulbs were planted below the big trees that now did not monopolize the sunlight to the same extent as they had before.

Masses of mulch were put on the ground. In order to prevent the roots of the large trees to invade the mulch intended for the new perennials and bushes, a ground cover was used. Water could pass through this barrier, but roots and invading weeds could not. Five internationally known landscape architects were invited to design five different types of woodlands and we can now enjoy their creative work in various parts of the park.

Liksom i många andra artonhundratalsparker i Europa, hade många träd i denna park blivit alltför stora. Buskar och växter som tidigare frodats och samexisterat med träden hade med tiden fått det svårare när träden blev allt större och absorberade mer och mer av solljuset. De stora trädens rötter hade också tagit över det mesta av jorden.

För att återställa parken till sitt forna jag behövde en del träd fällas. Andra tuktades eller flyttades. Buskar, perenner och lökar planterades under de större träden som nu inte längre lade beslag på allt solljus.

Massor av kompostjord lades på marken. För att förhindra att de största trädens rötter skulle infiltrera jorden som var avsedd för de nya växterna, placerades en duk på marken. Duken släppte genom vatten men förhindrade rötter eller rotogräs att tränga igenom. Fem internationellt kända landskapsarkitekter inbjöds att designa var sin woodlandplantering och vi kan nu njuta av deras olika kreativa verk när vi promenerar i parken.

The active life of the city goes on across the water (the old moat), but under the trees and among the woodlands, one can relax and be refreshed. This park is an essential oasis situated right in central Gothenburg.

When the renovation of the garden was finished in 2008, the walkways had the flowing, curving lines they had in the nineteenth century.

The woodlands (pages 9-18) are designed by **Julie Toll** and **Jacqueline Van Der Kloet.**

Medan stadens liv pulserar på andra sidan kanalen kan man koppla av och återhämta sig bland woodlandsplanteringarna. Parken är en välbehövlig oas mitt i centrala Göteborg.

När renoveringen av parken var färdig år 2008 hade alla gångar återfått sina ursprungliga mjuka runda former.

Woodlandsplanteringarna (s. 9-18) har designats av **Julie Toll** *and* **Jacqueline Van Der Kloet.**

11

White and light coloured flowers are often used in woodlands. In a sunny garden they might appear insignificant, but in the shade, they pick up the diffused light and shine like stars amidst the green.

Vita och ljust färgade blommor är vanliga i woodlands. I en solig rabatt kan vita blommor verka oansenliga, men i skuggan absorberar de ljuset som silas genom trädkronorna och på marken bland det gröna, lyser de som stjärnor.

People came from all over Europe to see the renovated park in 2008 during the "Gothenburg Gardens" activity.
One gets a very nice view of the park from canal sightseeing on "Paddan" (above).
Again, white is a good colour for woodlands, either as flowers or the plant leaves themselves (right)

Besökare kom från hela Europa för att besöka den nya parken under "Göteborgs Lustgårdar 2008".
Man kan se parken från vattnet under en kanaltur med "Paddan" (ovan)
Återigen ser man (till höger) hur vita blommor eller vitkantiga blad fungerar utmärkt i woodlands.

Light blue is another favourite colour for woodland plants. Cream coloured lilies are a perfect choice of bulbs.
The woodland planting (right), is by **Heiner Luz.**

Ljusblå blommor är en annan färg som förekommer flitigt i woodlandplanteringar. Gräddfärgade liljor är ett perfekt val.
Woodlandplanteringen till höger är av **Heiner Luz**

Piet Oudolf, a world expert on woodlands, designed this area. It is not in the deep shade, but under a group of trees in the middle of the park. The plants are different from the other woodlands and there are no bushes. There are large groups of perennials and various grasses, characteristic of Oudolf.

Piet Oudolf, en av världens främsta experter på woodlands designade detta område. Det ligger inte i djup skugga utan under några träd i mitten av parken. Växterna är annorlunda än i övriga woodlands och där saknas buskar. Där finns istället stora grupper av perenner och diverse olika gräs, typiskt för Oudolf.

21

CARPET BEDDING
TAPETGRUPPER

Carpet bedding is an old method of placing plants in flower beds to create colourful and decorative patterns (reminiscent of patterns in carpets).

Victorians loved to decorate their homes, often excessively, and with carpet bedding, they found a way to decorate their gardens as well. It became a fad and gardeners tried to outdo one another, sometimes to excess.

Proponents of the Arts and Crafts movement, striving for simplicity, disliked carpet bedding and with time, due to new ways of thinking and the increase in cost of labour, carpet bedding lost its appeal.

When the renovation of this garden was finished in 2008, the aim had been to bring the garden back to its old glory and in that context, carpet bedding returned.

Tapetgrupper är ett äldre planteringssätt som använder växter till att skapa färgrika och dekorativa mönster i rabatter (som mönster på en gammal medaljongtapet).

På nittonhundratalet var borgerliga hem ofta överdådigt inredda och med tapetgrupper hade man funnit ett sätt att dekorera trädgårdarna också. Det blev väldigt populärt och trädgårdsmästare försökte överträffa varandra.

Förespråkare för Arts-and-Crafts rörelsen, som föredrog det enkla, ogillade tapetgrupper. Beroende på nya ideér och inriktningar samt dyr arbetskraft, tappade tapetgrupperna i popularitet.

Renoveringen av Trädgårdsföreningen var färdig 2008. Målet hade varit att trädgården skulle återfå sin forna glans, och därmed återuppstod tapetgrupperna.

This lawn was once the centre of much excitement. Every year, the charismatic head gardener, Georg Löwegren (1833-1919), planned a new carpet bedding for the public.

He lived in the yellow house at the end of the lawn and was highly respected. One might say he had celebrity status in those days. His aim was to present something new and exciting to the highly anticipating public. Inspiration no doubt came from garden periodicals mainly from England.

In early spring, plants were waiting in the greenhouses, ready to be combined into elaborate presentations. The crowning piece of any carpet bedding was a palm tree or a large exotic plant that was brought from the greenhouse and placed in the middle.

Förr i tiden hände det mycket intressanta saker på denna gräs-matta. Varje år på artonhundratalet hade den starkt drivande trädgårdsmästaren Georg Löwegren (1833-1919) en ny tapet-grupp planerad för besökarna i parken.

Han bodde i det gula huset på andra sidan gräsmattan och var mycket respekterad, man kan säga att han hade stjärnstatus på den tiden. Hans mål var att varje år presentera något nytt och spännande för besökarna som var oerhört förväntansfulla.

I växthusen väntade späda plantor på att bli kombinerade till fantastiska mönster. Kronan på verket var alltid en palm eller en annan exotisk växt som hämtades från växthuset. Den placerades stolt i mitten av tapetgruppen.

With the renovation of the garden in 2008 followed a philosophy that put gardeners back into focus, as they had been in earlier times. We can now every year witness a variety of carpet bedding as seen in these decorative "tortes".

*När Trädgårdsföreningen renoverades 2008, introducerades ett nytänkande som satte trädgårdsmästarens roll i centrum igen.
Vi kan nu se årliga variationer av tapetgrupper som framgår av dessa dekorativa "tårtor".*

"Red Flower" / "Röd blomma" design Gunnar Kaj

"Lady Green" / "Tant Grön" design Klara Holmqvist

AGAVE group Design Ulf Nordfjell 2008
This is a copy of one of the most popular and spectacular carpet beddings from 1908. People were extremely fascinated by exotic and strange plants in those days when foreign travel was only for the very few. In order to get hold of thirty large specimens of "Agave americana", they were bought and borrowed from other places. But the handling of these spiky plants was nightmarish.

AGAVE GRUPP Design Ulf Nordfjell
Detta är en kopia av en av de mest populära och spektakulära tapetgrupperna från 1908. Publiken var oerhört fascinerad av exotiska växter på den tiden - att resa utomlands var få förunnat. För att få tag på trettio stora exemplar av "Agave americana" fick man köpa och låna från andra trädgårdar. Hanteringen av dessa växter med sina sylvassa blad var en mardröm.

Design: The Cactus Association of Gothenburg / *Göteborgs kaktussällskap*

Design Ulf Nordfjell.
An interesting marriage of a carpet bedding and woodland. / *Intressant blandning av tapetgrupp och woodland plantering.*

THE PALM HOUSE
PALMHUSET

The Palm House in Gothenburg is the only one of its kind in Sweden. The head gardener Georg Löwegren insisted that Gothenburg should have its own Palm House (inspired by Britain no doubt) and he must have been convincing since, not long after, he went to Scotland to order one from Alexander Shanks & Son in Arbroath.

The Palm House opened in 1878 and became enormously popular. The exotic plants from all over the world fascinated people. For many, this was the only way to travel the world. A monkey and a speaking parrot made a visit all the more interesting.

Palmhuset i Göteborg är det enda av sitt slag i Sverige. Det var trädgårdsmästare Georg Löwegren som insisterade på att Göteborg skulle ha ett eget palmhus (inspirationen kom förmodligen från England). Han måste ha varit övertygande eftersom han strax därefter begav sig till Skottland för att beställa ett palmhus hos Alexander Shanks & Son i Arbroath.

Palmhuset stod färdigt 1878 och blev oerhört populärt. De exotiska växterna från hela världen fascinerade människor. För många var detta enda sättet att resa i världen. En apa och en talande papegoja gjorde besöket desto intressantare.

THE ROSE PARK

ROSPARKEN

The Garden Society has one of the finest collection of roses in Northern Europe.

In 2008, the historical roses were moved to a special rose park designed by Ulf Nordfjell. The roses were replanted with perennials of various kinds. On the following pages you can see the successful colour schemes. At times one is reminded of an impressionist painting? (see pages 50 and 51)

Trädgårdsföreningen har en av norra Europas finaste samlingar av rosor.

År 2008 flyttade de historiska rosorna till ett nytt område, en rospark designad av Ulf Nordfjell. Rosorna blandades med diverse perenner. På följande sidor kan man se hur detta genomförts mycket framgångsrikt. Ibland kan man tro att man tittar på en impressionistisk målning? (sidorna 50 och 51)

We are in the middle of the Rose Park designed by Ulf Nordfjell. On alternating sides of this durable metal pergola, are climbing roses and the clematis, "Summer Snow".

Vi är i mitten av Ulf Nordfjells rospark. På vardera sidan av den hållbara metallpergolan alternerar klängrosor och klematisen "Summer Snow".

47

Adjacent to the Rose Park is a sunny rockery, a favourite place for butterflies.

Precis bredvid rosparken finns ett soligt stenparti där fjärilar stormtrivs.

"Global Warming" p.68

INSPIRATIONAL GARDENS
INSPIRATIONSTRÄDGÅRDAR

In the summer of 2008, The Garden Society partici-pated in an exhibition called "Gothenburg Gardens". Selected here are some of the inspirational gardens that were presented then. International and Swedish garden designers had been invited.

Unlike Chelsea Flower Show in London where show gardens are on view for one week only, these inspira-tional gardens in Gothenburg could be seen between June 28 to September 28. This meant that one could watch the gardens develop during three months that summer. Toward the end of September, I felt a certain melancholia that this garden feast would soon be over and might not come back for many years. The photos I took are a cheerful reminder of that summer.

Under sommaren 2008 deltog Trädgårdsföreningen i "Göteborgs Lustgårdar" och jag har valt ut några av de inspirationsträdgårdar som deltog. Internationella och svenska trädgårdsdesigners hade bjudits in.

Till skillnad från de utställningsträdgårdar som vi-sas på den berömda Chelsea Flower Show i London under enbart en vecka i maj, fanns dessa inspirations-trädgårdar tillgängliga mellan den 27 juni och den 28 september. Det innebar att man kunde se trädgårdar-na utvecklas under tre månader den sommaren.

I slutet av september kände jag mig riktigt nedstämd över att denna trädgårdsfest snart skulle vara till ända och kanske inte återkomma på många år. De fotografi-er som jag tog är glada minnen från den sommaren.

"Victorian with a twist" p.60

This 1950s inspired **"GRANDMA'S JEWELLERY BOX" by O2 Landskap** was meant to be viewed through various openings in the display. The sharp cerise colours contrast nicely with the soft green moss.

*Det 50-talsinspirerade **"MORMORS SMYCKESKRIN" av 02 Landskap** kunde beskådas genom diverse öppningar i inhägnaden. De skarpt ceriseröda färgerna kontrasterar på ett intressant sätt mot den ljusgröna mjuka mossan.*

"VICTORIAN WITH A TWIST" by Helen and James Dooley for 'Familjebostäder' with the cooperation of Gardens Illustrated. On a very small plot, the British designer duo had created a most varied and beautiful Victorian kitchen garden.

"VIKTORIANSKT MED SKRUV" av Helen och James Dooley på uppdrag av Familjebostäder i Göteborg AB och i samarbete med det engelska trädgårdsmagasinet Gardens Illustrated. På en liten yta hade denna brittiska designerduo skapat en fantastiskt varierad och vacker köksträdgård från engelska artonhundratalet.

This was a small garden with a large variety of vegetables, fruits, flowers and herbs. Here are some samples: Two kinds of strawberries, six varieties of apples, plums, pears, black currants, autumn raspberries, rust vine, seven varieties of beans, peas, seven varieties of cabbage, five varieties of onions, three varieties of squash, and many kinds of perennials, annuals, and a great many varieties of leaf vegetables as well as herbs.

Detta var en liten köksträdgård men med en stor variation av grönsaker, frukter, blommor och örter. Här är några smakprov: Två sorters jordgubbar, sex sorters äpplen, plommon, svarta vinbär, hösthallon, rostvin, sju olika sorters bönor, sju sorters kål, ärtor, fem sorters lök, tre sorters squash, många perenner och ettåriga växter och en mängd sorter bladgrönsaker samt örter.

"ROSES, ROMANCE AND RED BERRIES" by Kungsbacka Garden Friends
A bridge leads to a door that is ajar perhaps causing the viewer to wonder what is behind it...
When you consider the almost infinite resources at the disposal of show gardens at the Chelsea Flower Show, one cannot help being impressed with this show garden, created by a small local garden group.
"ROSOR, ROMANTIK OCH RÖDA BÄR" *av Kungsbacka trädgårdsvänner.*
En bro leder till en dörr som står på glänt och åskådaren kanske frågar sig vad som kan finnas bakom dörren...
Med tanke på de enorma resurser som läggs på trädgårdar i Chelsea Flower Show, blir man imponerad av vad som här presterats av en liten grupp trädgårdsentusiaster.

"LUCUS" by Kina Bergendahl.

This garden did not strive to be traditionally "pretty" as exhibition gardens usually are. It was philosophical in its approach. It showed two worlds divided by a slanted plane. Below we see a lovely and sunny clearing, the kind of world we might always wish for. Above the dividing plane, the world consisted of a dead, lifeless and black forest, representing the other, undesirable, side of life.

"LUCUS" av Kina Bergendahl.

Denna trädgård strävade inte efter att vara traditionellt "vacker" som inspirationsträdgårdar ofta är. Den hade ett mer filosofiskt budskap. Den visade två världar separerade av ett lutande plan. Undertill fanns en solig och välkomnande glänta, den sortens tillstånd vi ofta eftersträvar. Världen ovanför bestod av en död, svart och livlös skog, den andra, oönskade sidan av livet.

"THE SUNKEN GARDEN"
by Nina Thalinson and Gert Wingårdh

This protected and private "sunken" garden was not sunken in the traditional sense, but built up to give a feeling of intimacy.

There was a special feature: a thirteen meter long mosaic wall with water flowing over it. The mosaic was made from broken Chinese blue and white porcelain salvaged from the ocean floor outside Gothenburg. There, the Swedish East India company's vessel 'Götheborg' sank (1745) but most of the cargo was later salvaged.

"DEN SJUNKNA TRÄDGÅRDEN"
Av Nina Thalinson and Gert Wingårdh

I engelska trädgårdar brukade man "gräva ned" trädgårdar men denna var uppbyggd för att ge samma intima känsla.

Den hade något mycket speciellt: En tretton meter lång vattenbegjuten vägg av mosaik gjord av skärvor från ostindiskt porslin som bärgats från vrakplatsen där det Ostindiska Kompaniets fartyg 'Götheborg' förliste år 1745.

"GLOBAL WARMING" by Sydväst Arkitektur och Landskap with Magnus Svensson, SLU, Alnarp
With global warming we might one day have a different variety of plants in our gardens than we do today. Maybe much more tropical. This garden displayed such plants. The orange rings are mobile seating benches.

"GLOBAL WARMING" av Sydväst Arkitektur och Landskap med Magnus Svensson, SLU, Alnarp
I framtiden kan vi komma att ha många nya sorters växter i våra trädgårdar. Kanske mycket mer tropiskt. Denna trädgård visade upp många olika sorter. De orangea ringarna är flyttbara sittplatser.

THE DELIGHTS OF SPRING
VÅRENS FRÖJDER

When bulbs bloom in St. James Park in London in February, many areas of Sweden are still often beneath a snow cover and we must wait a long time for the first signs of spring. So when the colour symphony of bulbs explodes, we're ecstatic. **Spring is finally here!**

*När lökarna blommar i St. James Park i London ligger många delar av Sverige ofta under ett snötäcke och vi får vänta länge innan vi upplever det första vårtecknet. När lökarnas färgsymfoni exploderar, då är vi upprymda. **Äntligen är våren här!***

The gardener has chosen an exquisite combination of cream double tulips, light blue grape hyacinths and purple single tulips.
Trädgårdsmästaren har valt en utsökt blandning av gräddvita dubbla tulpaner, ljusblå pärlhyacinter och enkla violetta tulpaner.

The leaves have begun to turn yellow and summer is soon over. But there is comfort - walks in the new woodlands along the water-front, are spectacular in autumn.

Löven har börjat bli gula och sommaren är snart över. Men det finns tröst - promenaderna i de nya woodlandplanteringarna längs kanalen är spektakulära på hösten.

81

MORE INFORMATION
MER INFORMATION

LINKS / LÄNKAR
The Garden Society of Gothenburg
Göteborgs Trädgårdsförening
www.tradgardsforeningen.se

Ulf Nordfjell
www.nordfjellcollection.se

Piet Oudolf
www.oudolf.com

Julie Toll
www.julietoll.co.uk

Jacqueline van der Kloet
http://www.theetuin.nl/jacquelinevanderkloet/

Heiner Luz
www.heiner-luz.de

Tage Andersen
www.tage-andersen.com

Gunnar Kaj
www.kaj.se

02 Landskap
www.02landskap.se

LITERATURE / LITTERATUR
Göteborgs Trädgårdsförening 28 juni - 28 september 2008
Text Karin Berglund och Christel Kvant

The Swedish book, above, has valuable information and a complete list of plants for the woodlands, carpet bedding and inspirational gardens. Head gardeners were Malin Löfstrand and Nicholas Delahooke.

Boken ovan har mycket information och listor på alla de växter som ingick i woodlandplanteringarna, tapetgrupperna och i inspirationsträdgårdarna. Trädgårdsmästare var Malin Löfstrand och Nicholas Delahooke.

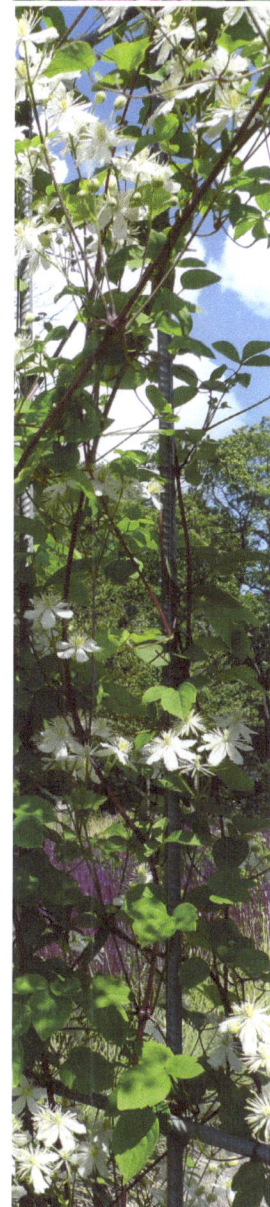

www.ingramcontent.com/pod-product-compliance
Lightning Source LLC
Chambersburg PA
CBHW061353090426
42739CB00002B/11